rcus C. Leitschuh
Peter Jansen

Spirit of my life

Zur Hl. Firmung

von Herzen

Godi

Marcus C. Leitschuh | Peter Jansen

Spirit of my life

Impulse zur Firmung

BUTZON & BERCKER

Bibliografische Information der Deutschen Nationalbibliothek
Die Deutsche Nationalbibliothek verzeichnet diese Publikation in der Deutschen Nationalbibliografie; detaillierte bibliografische Daten sind im Internet über http://dnb.d-nb.de abrufbar.

Das Gesamtprogramm
von Butzon & Bercker
finden Sie im Internet
unter www.bube.de

ISBN 978-3-7666-1687-6

© 2013 Butzon & Bercker GmbH,
Hoogeweg 71, 47623 Kevelaer, Deutschland, www.bube.de
Alle Rechte vorbehalten.
Satz und Umschlaggestaltung: Kai & Amrei Serfling GbR, Leipzig
Printed in the European Union

Inhalt

Im Labyrinth
Auf der Suche überall
Knotengewirr

8

Zum Greifen nah
Gespannt sein und vom Geist bewegt
Von der Hoffnung

34

Den Faden finden
Unterwegs sein und die Spur halten
Von der Freude

58

Gradlinig bleiben
Ankommen und Gewissheit haben
Der Glaube lebt

84

Vom „Roten Faden" ...

… hast du vielleicht schon gehört. Umgangssprachlich verliert man ihn manchmal, wenn man eine Rede hält. Dann kommt man nicht zum Punkt, verliert sich in Details und weiß am Ende gar nicht mehr, was man vorher gesagt hatte.

Der „Rote Faden" wird auch Ariadnefaden genannt. Er entstammt der griechischen Mythologie. Prinzessin Ariadne, Tochter des Minos, hat ihn Theseus mit auf den Weg durch das Labyrinth gegeben. Ariadne hatte den Tipp, den Faden mit in das Labyrinth zu nehmen, von Daidalos bekommen, der das Labyrinth zuvor erschaffen hatte. Durch den Faden der Ariadne konnte Theseus den Weg zurückfinden.

Wir sehnen uns alle nach solchen „Roten Fäden". Nach einer Leitschnur für unser Leben, einem „Roten Faden" in schwierigen Prüfungen, in der Schulzeit. Ein „Roter Faden", der uns Richtschnur ist, zeigt, was gut und schlecht, richtig oder falsch ist. Sicher, wir müssen immer eigene Erfahrungen machen, jedes Kind wird auch einmal auf die heiße Herdplatte fassen, der gut gemeinte Hinweis der Eltern reicht nicht. Bei allen Erfahrungen fühlen wir uns trotzdem oft orientierungslos. Da fehlt der Blick zum nächsten Schritt. Da ist die Hoffnung, dass bei falschen Wegen immer ein Zurück möglich ist, die Hoffnung, dass wir den Weg finden, der uns zu einer neuen Chance und

einem Neubeginn führt. Gott will so etwas wie die Ariadne für uns sein. Er kettet uns nicht an ein unausweichliches Schicksal. Er setzt uns nicht willenlos in die Achterbahn unseres Lebens, in dem wir weder Richtung noch Ziel noch Geschwindigkeit bestimmen können. Wir gehen unsere Lebenswege alleine. Aus eigener Kraft. Und doch immer im Wissen, dass wir von Gott nicht alleingelassen sind. Seine Liebe empfängt uns immer wieder, auch wenn wir umkehren müssen, weil unser Weg falsch war. Seine Liebe kennt keine Vorwürfe und Unfreiheit. Wir haben seinen „Roten Faden" unsichtbar bei uns.
Gott schenkt uns dafür die Gaben des Heiligen Geistes. Diese Gaben wollen uns helfen. Wie bei einem großen Schweizer Taschenmesser können wir sie immer wieder als Werkzeuge herausholen, um unser Leben zu meistern.
Dieses Buch schildert Gedanken und Situationen, die uns herausfordern. Entscheidungen. Fragen. Zweifel. Gedanken über Hoffnungen und Enttäuschungen. Über große Freude und große Trauer. Gedanken über Lebenssituationen, in denen wir unseren „Roten Faden" suchen oder verlieren. Aber in denen wir immer gewiss sein dürfen: Der unsichtbare Faden zu Gott wird niemals reißen. Er ist dabei in der spannenden Zeit des Erwachsenwerdens.

Marcus C. Leitschuh

Peter Jansen

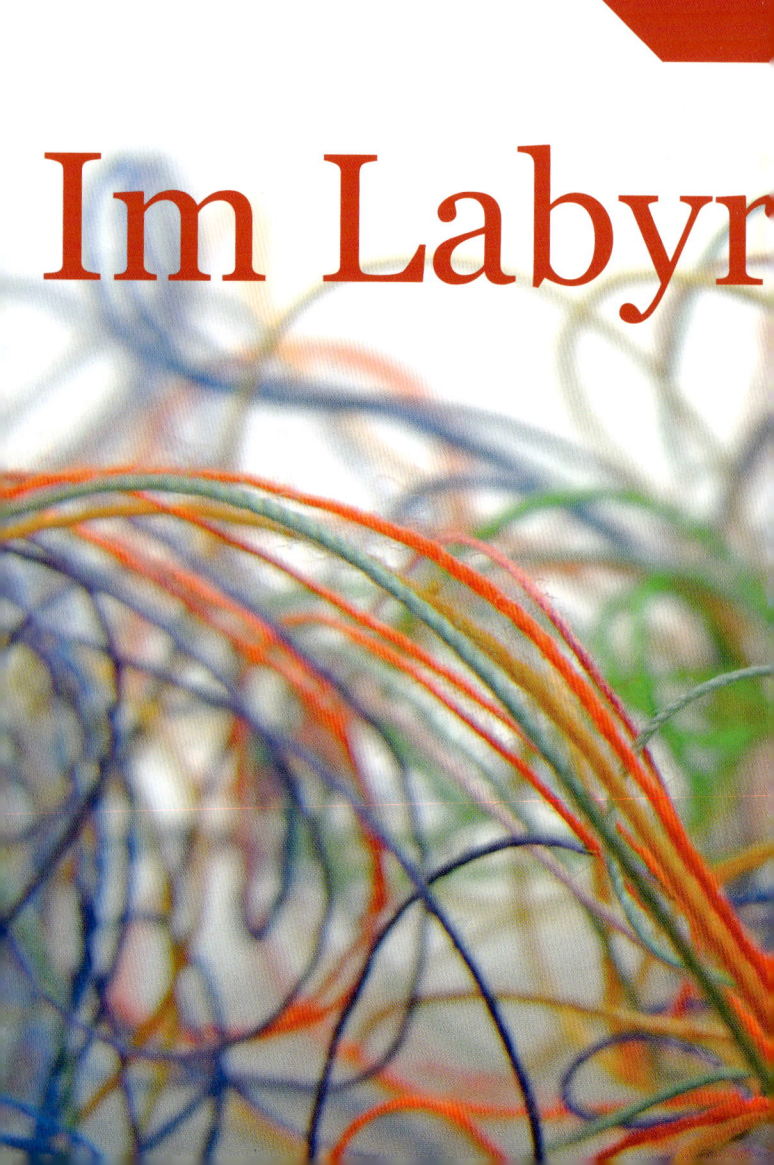

Im Labyrinth / Auf der Suche überall / Knotengewirr   9

Auf der Suche überall

Knotengewirr

Mich treiben lassen, wohin jeder geht.

Doch mein Herz sucht. Nach einem Ziel.

Sag mir, wohin

*Wohin der Wind weht,
könnte ich folgen.
Mich treiben lassen,
wohin jeder geht.
Einfach der Nase nach,
wohin es mich zieht.
Die Schritte führen mich,
mein Auge sucht am Horizont.
Doch mein Herz sucht.
Nach einem Ziel.
Nach Dasein und Bleiben.
Nach Gehen, um sich zu verändern.
Nach Hingehen und Ankommen.
Sei bei mir, Gott.
Auf meinen Wegen.
Hilf mir beim Suchen.
Gib mir Kraft auf meinen Wegen,
die meine Wege sind
und die nur ich gehen kann.*

Anfang und Ende eines Knäuels

„Der Faden ist aller Knäuel Anfang", heißt es. Wer hat nicht schon einmal versucht, ein Knäuel aus Wolle, Draht, Mikrofon- und Stromkabel zu „entk(n)uddeln". Jeder hat dann seine eigene Taktik. Erstmal ein enges Knäuel auflockern, mehr Platz zum Ziehen schaffen. Die größte Rolle spielt aber der einzelne Faden. Seinen Anfang oder sein Ende gilt es zu entdecken. Wenn wir ihm folgen, werden wir die engen Stellen entzerren können, den Weg finden und die Knoten lösen. Für das Leben heißt das: Wer ein Problem hat, der steht vor einem Gewirr von Fragen. Tausend Dinge scheinen in einem Moment schiefzugehen. Wie vor einem großen Berg stehen wir ganz klein im Gewirr der Pleiten und des Pechs. Was tun? Wir verschaffen uns erst einmal Luft und versuchen, die Probleme zu entzerren. Aber wir lösen sie damit noch nicht. Aus dem Knäuel wird durch das Auseinanderziehen vielleicht am Ende ein Netz. Es ist immer noch zu verwoben und verknotet, als dass man damit etwas Neues weben könnte. Der Weg zum Entk(n)uddeln führt irgendwann zum Anfang des Knäuels, dem Ende oder Anfang des Fadens. Von ihm aus nähern wir uns den Problemen und ziehen ihn durch Schlingen. Jetzt können wir die Knoten lösen. Wir haben die Fäden in der Hand, weil wir vom Anfang her denken.

Anfang oder Ende
des Fadens
   gilt es zu entdecken.
Wenn wir ihm folgen,
   werden wir die engen Stellen
      entzerren können,
   den Weg finden und
die Knoten lösen.

So will uns auch Gott
bei unseren Schwierigkeiten helfen.
Er braucht nicht die große Schere,
   sondern schenkt uns Ideen,
   Mut, Kraft und Ausdauer,
um unsere Fragen
   und Probleme zu lösen.

Kritik ertragen

Ich bin kritisiert worden. Das hat mich schwer getroffen. Meine Leistungen seien nicht ausreichend, so würde ich das nächste Schuljahr nicht erreichen – so würde ich niemals etwas werden können. Das tut weh, ich strenge mich doch an und versuche mein Bestes. Sicher, ich vertrödele viel Zeit für Unwichtiges und spiele gerne am Computer. Vielleicht kann ich daran doch etwas ändern.

Was mir mehr wehgetan hat, war nicht die Kritik an sich, sondern das „von oben herab". Ich bin mir so abgekanzelt vorgekommen. Klein und dumm habe ich mich in dem Augenblick gefühlt. Das war das Schlimmste. Aber ich bin nicht klein und dumm. Ich möchte ernst genommen werden, dann kann ich auch Kritik ertragen. Auch das kann ich lernen!

Im Labyrinth/Auf der Suche überall/Knotengewirr   15

Neugierig sein

Wieso kann ein Flugzeug in die Lüfte steigen und fliegen, wie funktioniert die Schwerkraft, wie schlüpft aus einem Ei ein Küken? Viele Fragen stellen sich in meinem Leben. Was brauche ich zu ihrer Beantwortung? Wer kann mir da weiterhelfen? Wissenschaftliche Bücher, interessanter Unterricht mit guten Lehrern, vielleicht das Internet oder eine spannende Wissenschaftssendung im Fernsehen.
Klar, alles richtig. Das ist ein guter Weg. Wer neugierig ist, ist nicht gleichgültig, wer neugierig und wissbegierig ist, lebt und geht mit wachen Augen durch die Welt, nimmt nicht bedingungslos hin, sondern hinterfragt und will verstehen.
Ich will den Fragen auf den Grund gehen, nachbohren. Nur wenn ich neugierig bin, erschließen sich mir die wichtigen Fragen. Auch die Frage: Wo komme ich her? Wo gehe ich hin? Was ist das Ziel meines Lebens? Machen mich diese Fragen auch neugierig? Wer beantwortet mir die? Ich sollte mal nachfragen!

Im Labyrinth/Auf der Suche überall/Knotengewirr 17

Guckst du

*Wer
bin
ich?*

*Warum
immer
ich?*

*Kritisieren,
klar!*

*Meinen
Finger
in die
Wunde legen,
sicher!*

*Selber
anpacken?
Ich
doch nicht!*

Guckst du

Im Labyrinth/Auf der Suche überall/Knotengewirr 19

Ein Teppich aus zahllosen Fäden

Manchmal hat man Sehnsucht nach einfachen Antworten. Immer dann, wenn die Alternativen so vielfältig und verlockend sind und sie auch alle irgendwie richtig und mit gutem Gewissen möglich sind. Auch dann, wenn wir nicht wissen, was wir tun sollen oder das Gute langweilig wirkt und das Schlechte interessant. So frei wir auch sein wollen, so gerne lassen wir uns auch manchmal leiten und verleiten: „Mach das!" „Das ist richtig!" „Das ist falsch!" „Geh dort lang!" „Wähle so!" In einer Urteilsbegründung schreibt ein US-amerikanischer Richter: „Ein Menschenleben ist ein Teppich aus zahllosen Fäden, die erst durch ihre Verknüpfung ein Muster ergeben. Nimmt man nur einen Faden heraus und betrachtet ihn für sich, so wird man nicht nur dem Ganzen nicht gerecht, sondern bewertet auch den einzelnen Faden falsch."

Wenn wir über den roten Faden in unserem Leben nachdenken, dann kann das Bild aus der griechischen Mythologie ein mögliches Bild sein. Theseus findet mit einem langen Faden sicher zurück aus dem verworrenen Labyrinth. Das Bild des Teppichs ist ein anderes. Es sagt, dass erst das Zusammenspiel vieler Fäden ein richtiges Bild ergibt. Die Fäden sind bunt und haben verschiedene Längen. Mal sorgen die Fäden für einen klaren Rand, dann wieder für das schöne Muster. Fäden halten zusammen, auf jeden Einzelnen kommt es an.

Im Labyrinth/Auf der Suche überall/Knotengewirr 21

Orientierung

Im Dunkel
die Ahnung von Ankunft.

Wege, wo es
kohlrabenschwarz ist.

Licht im tiefschwarz.

Eine gute Wahl,
wo es undurchsichtig ist.

Eine helfende Hand
in der Finsternis.

Aus dem Düstern
gute Zukunft.

Im Labyrinth/Auf der Suche überall/Knotengewirr

Es gibt eine Zeit zum Lachen
und eine Zeit zum Weinen,
eine Zeit für den Tanz
und eine Zeit für die Klage.

Traurig sein

Es gibt eine Zeit zum Lachen und eine Zeit zum Weinen, eine Zeit für den Tanz und eine Zeit für die Klage, so heißt es in einem biblischen Text. Für mich gibt es die Zeit zum Weinen und zum Klagen! Ich bin traurig und könnte nur noch heulen. Mein Freund hat mit mir Schluss gemacht! Wenn er wenigstens richtig mit mir gesprochen hätte, aber er hat mir eine SMS geschrieben, dass er sich nicht mehr mit mir treffen will, unsere Interessen seien zu verschieden und er hätte eine neue Freundin. Und das so einfach mit ein paar Buchstaben auf dem Handy. Dabei waren wir ein halbes Jahr zusammen und es war echt schön. Alles aus und vorbei. Ich weiß gar nicht, was ich machen soll, ich würde mich am liebsten unter meine Bettdecke verkriechen und nur weinen. Mein Herz ist so verletzt, ich fühle mich müde und leer. Ich habe versucht, ihn anzurufen, aber er geht nicht an sein Handy und auch bei ihm zuhause öffnet keiner die Tür. Aus! Vorbei! Ich stehe da, alleine und voll traurig. Mit wem kann ich in dieser Situation sprechen? Kann ich mit Julia, meiner besten Freundin, darüber reden? Versteht sie mich, kann sie mich trösten? Ich könnte es versuchen, sie ist doch eine echte Freundin!

Auf der Suche

*Hilf mir
auf der Suche
nach meinen Lebenszielen.
Sei bei mir
beim Suchen, Durchforschen,
Stöbern und Durchwühlen der Welt.
Gib mir Kraft
beim Abtasten, Durchsehen,
Kramen und Nachsuchen.
Schenk mir Ausdauer beim Auskundschaften,
Mustern, Umkrempeln, Durchsuchen.
Begleite mich
beim Aufspüren, Forschen,
Fahnden, Graben.
Segne mein
Abklopfen, Absuchen, Durchkämmen,
Recherchieren, Stöbern und Ausfragen.*

Im Labyrinth/Auf der Suche überall/Knotengewirr

Hilf
Sei bei mir
    Gib mir Kraft
Begleite mich
    Segne

Denke daran,
dass das,
was dich
wie an unsichtbaren Fäden
hin- und herzieht,
in deinem Inneren
verborgen ist.

Im Inneren verborgen

Kaiser Marc Aurel (121–180), eigentlich Marcus Aurelius Antonius, war ein schlauer Römer, von dem viele Sätze überliefert sind. Einer geht so: „Denke daran, dass das, was dich wie an unsichtbaren Fäden hin- und herzieht, in deinem Inneren verborgen ist." Das sagt er einfach so. Und doch fühlen wir uns manchmal wie von fremden Mächten hin- und hergezogen, gerissen, geworfen und verführt. Man zerrt an uns: die Mode, die Erwartungen, die Freunde. Wir müssen erkennen, dass wir es selbst sind, die unsere Meinungen wechseln, verschiedenen Moden nachlaufen und dann wieder zu unserem Stil zurückfinden. Wir sind mal hier und mal da und finden es ganz nett, alles einmal zu testen. Das Ideal des geraden Weges gibt es nicht. Denn: Alles, was wir tun, das sind wir! Alles gehört zu uns.

In allem ist Gott bei uns. Wir sind unglaublich frei in unseren Entscheidungen. So frei, dass Gott es sogar zulässt, wenn wir uns gegen ihn entscheiden. Freiheit ist unser höchstes Geschenk. Was wir aber tun sollten, ist, vor allen unseren Entscheidungen wirklich tief in uns zu horchen. Auf die Stimmen in uns, die mehr als nur Stimmungen sind. Auf die Signale, Gedanken und unser Gewissen. Auf die Worte unseres Ichs, in dem wir auch Gott finden.

In Gemeinschaft unglaublich stark

„Grobe Fehler werden oft, wie dicke Seile, aus einer Vielzahl dünner Fäden gemacht." Stimmt das? Victor Marie Hugo (1802–1885), der französischer Lyriker und Maler, meint das in der ihm vertrauten bildhaften Sprache. Große Fehler entstehen aus kleinen Fehlern. Die Summe macht's! Manchmal stimmt das. Wir hoffen oft, unser Leben würde wie im Märchen enden. Der Prinz kommt, ein Schatz wird gefunden, ein Kuss würde die Welt verändern.

Leider ist das wirklich ein Märchen. Im echten Leben braucht es viele Zutaten zum guten Kuchen. Viele Fragen muss man stellen, bis man eine Antwort bekommt, viel ausprobieren, bis das Ergebnis stimmt. Umfassende Information brauchen wir, bis wir uns richtig entscheiden können. Aus vielen kleinen Dingen erst wird etwas Großes. Ein starkes Tau braucht dünne Fäden. Für sich betrachtet bedeutet das Kraft, doch verwoben und in Gemeinschaft werden wir unglaublich stark. Wenn wir so auf unser Leben schauen, können viele kleine Dinge zu einem Großen zusammenkommen. Alles Kleine ist für das Großartige da, was wir Leben nennen.

Im Labyrinth/Auf der Suche überall/Knotengewirr 31

Im Hin und Her

Zwischen Gewissheit und Zweifel.
Zwischen Antworten und Fragen.
Zwischen Hier und Woanders.
Zwischen Geschichte und Zukunft.
Zwischen Liebe und Alleinsein.
Zwischen Hoffen und Verzweifeln.
Zwischen Ja und Nein.
Zwischen Oberflächlich und Echt.
Zwischen Himmel und Erde.
Zwischen Mut und Verzagtheit.
Zwischen den Stühlen.
Zwischen allem,
    was mir Sicherheit gibt.

Du bist bei mir, Gott.

Im Labyrinth/Auf der Suche überall/Knotengewirr

Zum Greifen nah / Gespannt sein ... / ... Hoffnung | 35

fen nah
Gespannt sein und vom Geist bewegt

Von der Hoffnung

Jeden Morgen

*Jeden Morgen
fängt das Leben neu an.
Liegen Chancen vor mir.
Lauern Gefahren in den Minuten.*

*Jeden Morgen
fängt das Hoffen neu an.
Auf das Gute und Bessere.
Kann ich mich entscheiden.*

*Jeden Morgen
fängt die Trauer neu an.
Weil Vergangenes nicht gelöscht ist.
Mir noch Mut fehlt.*

*Jeden Morgen
fängt die Veränderung an.
Wo ich mich entscheide.
Weil ich lebe.*

*Jeden Morgen
ist Gott bei mir.
Lässt mich frei und doch nie allein.*

Zum Greifen nah / Gespannt sein ... / ... Hoffnung | 37

Stütze mich

Guter Gott, ich habe das Gebetbuch Jesu zur Hand genommen und in den Psalmen gelesen. Das ist nicht meine Welt, die ich dort entdecke. Manches ist mir unverständlich – so gar nicht meine Sprache. Auch verstehe ich die Bilder nicht, die dort verwendet werden – ich hatte das Buch fast zugeschlagen, als ich auf diesen Vers stieß: „Stütze mich, damit ich lebe, wie du es verheißen hast. Lass mich in meiner Hoffnung nicht scheitern" (Psalm 119,116). Diese beiden Sätze gefallen mir! Ich brauche manchmal jemanden, der mich unterstützt und mir beisteht: einen guten Freund oder eine Freundin, die mir einen guten Rat geben, mich trösten oder sich mit mir freuen – Menschen, die mir helfen, dass meine Pläne in Erfüllung gehen: Lebenspläne, Ziele, Hoffnungen. Ich baue darauf, dass auch du mir beistehst, guter Gott, mich stützt und meine Hoffnungen nicht scheitern lässt. Das macht mich froh. Amen.

Stütze mich,
damit ich lebe, wie du es verheißen hast.

Lass mich
in meiner Hoffnung nicht scheitern!

Psalm 119,116

Kreativ sein

Herr, schenke mir
  den Geist der Kreativität.
Den kräftigen Pinselstrich.
  Den berührenden Ton.
Den faszinierenden Blick.
  Das anrührende Wort.
Das begeisternde Bild.
  Die starke Bewegung.
  Die mutige Performance.

41

Zum Greifen nah / Gespannt sein ... / ... Hoffnung

Falsche Fäden

In der Fernsehserie „Lindenstraße" werden gerne Lebensweisheiten des chinesischen Philosophen Konfuzius zitiert, der 551 – 479 vor Christus gelebt hat. „Konfuzius sagt", beginnen diese schon legendären Sätze eines asiatischen Mitbewohners der fiktiven Münchner Straße. Konfuzius hat also gesagt: „Wer am falschen Faden arbeitet, zerstört das ganze Gewebe." Da hat er Recht. Es gibt Situationen, in denen wir erst zu spät merken, dass wir auf dem Holzweg sind. Dass der Weg nur in eine Sackgasse führt. Was ist dann zu tun? Umkehren oder andere Abzweige nehmen!

„Selbst ein dickes Seil fängt an einem Faden zu faulen an." Diese Lebensweisheit aus dem fernen China ist uns nah. Auf der Suche nach Orientierung finden wir auch manchmal falsche Fäden. Die fühlen sich erst gut an. Die sehen gut aus und versprechen tolle Ziele. Doch nach ein paar Metern schon merken wir, dass der Weg falsch ist. Eine Entscheidung entpuppt sich als Fehler. Was tun? Wenn man einmal auf dem falschen Weg ist, wird er durchs Weiterlaufen nicht besser. Der falsche Faden wird das Tuch zerstören. Fängt etwas erst einmal zu faulen an, ist es nicht mehr aufzuhalten. Dann heißt es umkehren, Richtung ändern, Entscheidungen revidieren. Wer weiterläuft, blamiert sich. Es ist immer besser, einen Fehler zuzugeben, als blindlings ins Unheil zu laufen.

Wir verlieren
unser Gesicht nicht durch das Eingestehen unserer Fehler.

Aber wir verlieren die Orientierung, wenn wir stur geradeaus rennen.

Durch eine
rosarote Brille schauen

Wenn ich eine getönte Sonnenbrille aufsetze, dann passiert etwas: Ich sehe die Welt in der Farbe der Tönung. Das Problem ist: Plötzlich wird das Abgas aus dem Schornstein einer Fabrik wunderschön rosarot. Giftiges Wasser funkelt genial blau. Die Farbe der Brillengläser bestimmt meine Sicht der Welt. Meine Fähigkeit zu sehen zählt nicht mehr.

Und noch etwas passiert. Mich sieht die Welt auch in der Farbe meiner Brillengläser. Meine Augen, etwas, das mich ganz individuell macht, sind weg. Zwei blaue, rote, schwarze Gläser sind zu sehen. Sind sie dann auch noch entspiegelt, gibt es kein Durchkommen mehr zu unseren Augen. So einem Menschen kann ich nicht tief in die Augen sehen. An den komme ich nicht ran. Da weiß ich nicht, ob die Augen vor Freude tanzen oder böse funkeln.

Rosarote Brille

Zum Greifen nah / Gespannt sein ... / ... Hoffnung 45

Woher kommen die Fäden?

In Frankreich gibt es ein Sprichwort: „Für ein begonnenes Tuch sendet Gott den Faden." Mich hat dieser Satz stutzig gemacht. Schickt Gott den Faden erst dann, wenn das Tuch schon begonnen ist? Ist er nicht der erste Faden, womit begonnen wird? Merkwürdig! Ich habe lange darüber nachdenken müssen. Vielleicht ist es so, dass Gott uns nicht die Fäden vorgeben will, weil er auch das Muster des Tuches uns überlässt. Er schaut sich unsere Entscheidung an. Er schaut auf das, was wir weben wollen. Und dann gibt er uns das dazu, was uns helfen könnte. Er ist ein Faden von vielen, aber vielleicht der notwendige, der besonders schöne Leitfaden. Er unterstützt uns in unseren Zielen und Entscheidungen. Was wir anfangen, dürfen wir mit ihm fortsetzen.

Mensch sein

Was ein Mensch ist,
können wir biologisch erklären.
Was einen Menschen ausmacht,
müssen wir erleben.
Wie ein Mensch aussieht,
können wir beschreiben.
Was einen Menschen ausmacht,
müssen wir erfahren.
Wie ein Mensch sich entscheidet,
können wir sehen.
Was einen Menschen ausmacht,
müssen wir erfühlen.
Was ein Mensch tut,
können wir beobachten.
Was einen Menschen ausmacht,
müssen wir erahnen.

Komm, Schöpfer Geist, kehr bei mir ein!

Manchmal fühle ich mich wie die Apostel im Abendmahlssaal: eingesperrt, ängstlich, ohne Ideen und kraftlos. Zu ihnen kam der Heilige Geist wie in Feuerzungen, so sagt die Bibel, auf einmal brannte es in ihnen, sie spürten eine Kraft, die sie nicht loswurden. Die Angst war wie weggeflogen. Türen und Fenster standen ihnen offen und sie hatten eine Idee, spürten einen Auftrag: Jesus Christus zu verkünden, den Auferstandenen. Sie gingen vor die Türe, sprachen über diesen Jesus, schenkten den Menschen neue Hoffnung. Kirche begann interessant zu werden.

Der Heilige Geist
kommt auch zu mir
und lässt mich nicht kalt.
Er will mein Herz
brennend machen,
damit ich von Jesus
erzählen kann.
Damit die Welt neu wird.
Komm, Schöpfer Geist,
kehr bei mir ein!

Zum Greifen nah / Gespannt sein ... / ... Hoffnung | 49

Geistlich leben

Es gibt Menschen, von denen sagen wir, dass sie „esprit" haben, dass ein guter Geist sie umgibt. Mit ihnen macht ein Gespräch Freude, sie haben etwas zu sagen. Sie sind klug und haben eine Ausstrahlung, die von innen kommt. Sie haben Charme und man ist gerne in ihrer Nähe. Sie sind nicht laut und hektisch. Was steckt in ihnen, das so anders ist als bei vielen anderen Zeitgenossen? Vielleicht leben sie aus einer Mitte, die ihnen Kraft und Ruhe schenkt. Vielleicht meditieren oder beten sie regelmäßig und finden in Gott ihren Halt. Bei ihnen wird es Wichtigeres als die Geschäftigkeit des Alltags geben. Sie leben von innen her – gleichsam geistlich. Solche Menschen können anstecken und auch mir ein Beispiel geben.

Vom Geist bewegt

Vom Geist bewegt.
Vom Geist bewegt, na, dann ist ja alles in Butter.
Vom Geist bewegt, dann kann mir nichts passieren.
Vom Geist bewegt, läuft ja alles wie geschmiert.
Vom Geist bewegt, was soll da noch schiefgehen?!
Vom Geist bewegt, alles klar.
Vom Geist bewegt, ja, ja, ist ja schon gut.
Vom Geist bewegt, okay, ich kenne diese Nummer.
Vom Geist bewegt, um Menschen Vorbild zu sein.
Vom Geist bewegt, suchend und hoffend.
Vom Geist bewegt, um Fragen zu stellen.
Vom Geist bewegt, um mitten in der Welt zu stehen.
Vom Geist bewegt, um für andere Partner zu sein.
Vom Geist bewegt, zu Gott, zu dir.
Vom Geist bewegt.

Angebunden

Bei Spinnennetzen gibt es einen entscheidenden und wichtigen Faden. Wenn dieser durchschnitten wird, fällt das ganze Netz zusammen und alle Netzfäden werden überflüssig. Ist dieser entscheidende Faden der Lebensfaden, der mich mit Gott verbindet, der meinem Leben den Sinn gibt? Wenn ich meinen Boden unter den Füßen verliere, wenn vieles sinnlos wird, dann geht mir der Blick für allzu Menschliches verloren. Religion, „religio", dieses lateinische Wort bedeutet „angebunden sein", „einen festen Halt haben". In meinem Verhältnis zu Gott bin ich angebunden wie ein Bergsteiger, der am Seil hängt. Gott trägt mich, er will mir Sicherheit geben auf meinem Weg. Damit kann ich mir auch Fehltritte leisten, ohne abzustürzen. Ich bin nicht auf einen Weg gezwungen, aber ich weiß, da ist einer, der mich im Leben hält, der zu mir hält und meinem Leben Sinn gibt.

Kritik üben

Wir meinen, dass Kritischsein so einfach ist. Man muss nur seine Meinung sagen. „Schatz, ich liebe dich, aber was du da gemacht hast, war ziemlich daneben!"
Diese Worte bleiben mir immer in Erinnerung. Sie sind ein Teil meiner Geschichte. Ein Pfarrer hat sie vor vielen Jahren gesprochen. So muss Kritik sein! Seitdem versuche auch ich, Kritik auf diese Weise zu üben, um Person und Sache auseinanderzuhalten. Ein Verhalten oder eine Tat war schlecht, aber nicht der Mensch, der sie begangen hat. Schlechte Arbeiten und Leistungen müssen bewertet werden, aber nicht der Mensch, der sie verübt hat. Der bleibt in meiner Wertschätzung, den kann ich achten, auch wenn ich seine Leistungen schlecht beurteilen muss. Mit dieser Maxime komme ich besser durch das Leben: Person und Sache auseinanderzuhalten, ist ein guter Weg.

Meine Grenzen

Wo meine Grenzen sind.
    Wo ich begrenzt bin.
        Wo ich ankomme.
Wo es für mich kein Weiter gibt:

Da führt mich Gott
    über jede Mauer.
Da ist seine Freiheit riesengroß.
    Da verleiht mir Glauben Flügel.
      Da gehe ich aus mir heraus.

Und komme bei mir an.

Ins Gebet nehmen

Gestern habe ich meine Tante besucht, sie liegt krank zuhause. Ihr geht es gar nicht gut. Ob sie wieder auf die Beine kommt, können die Ärzte nicht sagen. Eine halbe Stunde war ich bei ihr, dann wurde sie müde. Bevor ich gegangen bin, hat sie mir aufgetragen, sie in mein Gebet einzuschließen. Ich habe es ihr versprochen. Sie könne sich auf mich verlassen. Ich war ein wenig ratlos, wie ich dieses Versprechen einlösen kann. Heute bin ich auf dem Weg nach Hause an der Kirche vorbeigekommen. Die Kirchentür stand offen und so bin ich hineingegangen. Am Marienaltar kann man Kerzen entzünden. Ich habe Geld in den Kasten geworfen und eine Kerze entzündet. Dann habe ich an meine Tante gedacht und für sie ein Vaterunser gebetet und auch noch andere Dinge, die mir wichtig sind, mit ins Gebet genommen: die hungrigen Menschen in Afrika, den Frieden in der Welt und in der eigenen Familie. Ganz guten Mutes habe ich dann die Kirche wieder verlassen.

Zum Greifen nah / Gespannt sein ... / ... Hoffnung | 57

Den Faden finden / Unterwegs sein ... / ... Freude | 59

n finden
Unterwegs sein
und die Spur halten

Von der Freude

Profi sein

„Ein Motiv zieht sich durch wie ein roter Faden", sagt man immer dann, wenn man z. B. in einer Rede, einem Gespräch, einem Film oder Buch nicht vom Thema abkommt. Man bleibt eng an der gestellten Aufgabe, schweift nicht ab und verzettelt sich nicht mit Unwichtigem. „Es zieht sich durch wie ein roter Faden" hat damit eine ähnliche Bedeutung wie die Aufforderung, den Faden „nicht zu verlieren". Unser ganzes Leben lang gilt es, den eigenen roten Faden nicht aus der Hand und aus den Augen zu verlieren. In Actionfilmen wirft manchmal der Held ein Seil mit Haken über eine Mauer oder ein nächst gelegenes Ziel, um sich dann hinüberzuhangeln. Mit einem Haken rutscht er, einer Seilbahn gleich, das Seil entlang, bis zum Ziel.

So müssen auch wir am Anfang erst einmal unser Seil auswerfen, müssen festlegen, was unser Ziel ist. Gott lädt uns mit der Taufe ein, den roten Faden zu ihm aufzunehmen. Bleiben wir an seinem Faden, begleitet er uns durch alle unsere Lebensziele, über alle Stationen und Zwischenstopps. Gott will uns nicht zwingen. Er legt uns keine Stricke um, macht uns nicht unbeweglich und wehrlos. Wir dürfen die Hand an seinen Lebensfaden legen und uns an ihm orientieren. Wir haben immer wieder die Möglichkeit, uns neu an ihm zu orientieren. Doch dafür ist es wichtig, diesen Faden nie ganz aus dem Auge zu verlieren.

Den Faden finden / Unterwegs sein ... / ... Freude | **61**

Fehler machen dürfen

Wenn ich den heutigen Tag überdenke, guter Gott, dann stelle ich fest, dass nicht alles gut gelaufen ist, dass ich manchen Fehler gemacht habe, der nicht hätte sein müssen. Das tut mir leid. Aber ich weiß, dass du mich trotzdem liebst und mir immer wieder vergibst. Ich brauche nicht perfekt zu sein. Fehler zu machen gehört zum Menschsein dazu. Du schenkst mir immer wieder eine neue Chance und vertraust mir, das ist toll! Morgen werde ich einen Tag beginnen und mir Mühe geben, aber ich weiß, dass ich auch morgen manches falsch machen werde und nicht jedem gerecht werde, dem ich begegne. Wenn dein Segen bei mir ist, wird jeder Tag ein guter Tag werden, darauf vertraue ich. Amen.

Wenn dein Segen bei mir ist, wird jeder Tag ein guter Tag werden, darauf vertraue ich.

Urlaub

Wundervoll, jetzt sind Ferien und ich kann tun, was mir gefällt: keine Schule, keine großen Pflichten, einfach nur Spaß haben und mit Freundinnen oder Freunden schöne, unbeschwerte Tage verbringen. Ich liebe diese Zeit sehr. Auch wenn ich nicht wegfahre, habe ich einige Pläne für die nächsten Wochen und mir einiges vorgenommen. Ein neuer Film im Kino interessiert mich, das Buch, das ich zum Geburtstag bekommen habe, möchte ich auch noch lesen. Mit Paul und Kristina will ich in die Stadt fahren und ein interessantes Museum besuchen und, wenn das Wetter es zulässt, ins Freibad fahren. Klar, ich gehe sehr kreativ mit den Ferien um, mir fällt immer etwas Neues ein, was ich gerne machen möchte.

Es ist schön, guter Gott, diese Zeit froh zu genießen und die Ferien kreativ zu nutzen!

Den Faden finden / Unterwegs sein ... / ... Freude | 65

Interessante Menschen

Was mag ich an Menschen besonders,
wie sollen sie sein, dass ich sie
in mein Herz schließen kann?
Interessant, spritzig, bunt sollten sie sein,
keine Langeweiler und Schwätzer.
Sie dürfen Intelligenz und Verstand haben,
sollten das Leben lieben,
die Sonne und die Natur, gut zuhören können
und ein Gespür für meine Fragen und Sorgen haben.
Und sie sollten wirklich lauthals lachen können.
Bin ich auch so ein Mensch für andere?

Gott, ich bitte dich,
schenke mir die Gemeinschaft,
die ich zum Leben brauche,
in der Familie und bei den Freunden,
und mache mich immer mehr
zu einem Freund / einer Freundin des Lebens,
geistvoll und mit einem guten Herzen. Amen.

Soziale Netzwerke

Für Kinder ist es ein faszinierendes Geheimnis, woher das Spinnennetz kommt. Man könnte erwarten, die Spinne hätte zwei Stricknadeln und eine Rolle Faden dabei. Doch weit gefehlt. Die Nahaufnahme zeigt, dass der Faden ohne Naht an einem Stück aus dem Körper der Spinne kommt. Es kommt auf ihr Geschick an, daraus ein Netz zu spinnen, in dem sich Nahrhaftes verfängt.

Das beste Mittel, glücklich zu werden, sei, wie eine Spinne aus sich heraus nach allen Seiten ein Netz der Liebe zu spinnen. Das hat der russischer Erzähler und Romanautor Leo Nikolajewitsch Graf Tolstoi einmal gesagt. Ein solches Netz ist also nicht dazu da, Beute zu überlisten, sondern aus Liebe viele Freunde einzufangen. Tolstoi sagt weiter, dass man mit den klebrigen Fäden alles einfangen solle, was des Weges kommt. Über die Bedeutung dieses Bildes rätsele ich noch immer. Ist das ironisch gemeint, Liebe als etwas Klebriges, oder meint er es ernst? Ist sie ein Lockmittel, um die Angelockten dann am Ende doch wieder nur zu verspeisen oder zu töten?

Bei Facebook und StudiVZ sprechen wir von „sozialen Netzwerken". Wir können durch den Druck eines Buttons sagen, was uns gefällt. Menschen, die wir kennen, sind dort „Freunde". Eigentlich eine schöne Sache. Fast so wie ein Netz aus Liebe? Wir merken leider schnell, dass manche uns einfach etwas vormachen wollen, dass es um keine realen Personen geht, dass manche uns eine falsche Identität vorspielen. Unsere Offenheit und unsere Lust auf Freunde und Freundschaft werden enttäuscht. Worte wie „das gefällt mir" werden zur Oberflächlichkeit. „Freunde" sind Menschen, die ich

nur deshalb kenne, weil 49 meiner eigenen Freunde sie auch „kennen". Dann wird das schon stimmen.
Gott braucht kein Facebook, er schaut uns direkt ins Gesicht. Mit den Augen der Liebe sieht er auf uns. Er will mit uns das Leben teilen. Aber das heißt nicht, dass er es anderen sichtbar machen will. Er ist bei uns, schützend, segnend, liebend. Ganz ohne Button.

Genießen können

Diese Welt ist so wunderbar,
damit wir sie in vollen Zügen genießen können.
Damit wir uns auf die Sommerwiese legen
und den Vögeln zuhören.
Das Bewegen der Gräser spüren.
Die Wolken sehen, die über uns ziehen.
Das Rauschen der Wellen hören.
Die Brandung riechen.
Die frische Meerluft atmen.

Der Blick ins Weite über die Klippen.
Das Schauen vom Gipfelkreuz in die Ferne.
Der Geruch von Freiheit über den Bergen.
Das alles ist nicht von mir gemacht.
Es liegt außerhalb meiner Macht.
So Großartiges kann ich nicht erschaffen,
doch hätte ich die Kraft,
es zu zerstören.
Aber wie ein Gärtner im Paradies
darf ich staunen und pflegen,
ernten und schützen.
Bewahren und bewundern.
Genießen.

König Salomo und ich

König Salomo erbat sich Weisheit,
als er von Gott einen Wunsch frei hatte!

Was erbitte ich von Gott?
Weisheit oder Stärke, Wahrheit oder Beistand,
Trost und Freiheit, Heiligkeit und Liebe –
Gaben des Heiligen Geistes?

Wenn ich bei Gott einen Wunsch frei hätte,
für was würde ich mich entscheiden?
Würde ich es wie Salomo machen?
Er hat damals ziemlich gut entschieden
und wurde zu einem großen König des Volkes Israel –
von seiner Weisheit reden wir noch heute.

Komm, Heiliger Geist, schenke mir,
was ich zum wirklichen Leben brauche –
sei bei mir jeden Tag. Amen.

Kreuzungen

Es kommt alles anders.
Der schöne Plan.
Durchkreuzt.
Etwas ist plötzlich ganz anders.
Immer wieder Entscheidungen.
Fragen.
Suchen.
Hinweise.
Angebote.
Verführung.

Immer wieder Entscheidungen.
Und die Hoffnung, dass
DU dann immer bei uns bist.

Hellhörig sein

Die Welt mit allen Sinnen wahrnehmen.
Sie betrachten und ansehen.
Unwissendes erhellen.
Erforschen und durchschauen.
Hören auf das Stille.
Nicht weghören bei den Schreien.
Anfassen und aufrichten.
Nicht niederschlagen und wegsperren.
Ertasten und mitfühlen.
Nachgeben und hinschenken.

Ohren haben, um zu hören:
auf den Sound der Musik,
auf den Straßenverkehr,
auf die Lautsprecherdurchsage am Bahnhof,
auf die Predigt am Sonntag,
auf die Mahnungen der Eltern,
auf die Worte der Freundin,
auf meine innere Stimme,
auf den Schrei der Hilflosen,
auf die ungesagten Worte vieler Zeitgenossen,
auf das Schweigen, das mich umgibt.

Gott, gib mir ein hellhöriges Ohr – heute und morgen!

Mensch sein

Mensch sein – Mensch werden
Geboren sein – erwachsen werden
Geliebt sein – lieben lernen
Ohren haben – Hörender sein
Augen haben –
          niemanden übersehen
Füße haben – die Welt erobern
Hände haben –
          das Leben begreifen

Ich möchte lernen,
          ganz Mensch zu sein –
das Leben und die Menschen
          zu lieben.

Abschied nehmen

Auf Wiedersehen! Ich stehe am Bahnhof und winke dem Zug hinterher. Drei schöne Wochen sind vorbei und meine Freundin Kerstin fährt wieder zu ihren Eltern nach Prag, wo ihr Vater seit einigen Jahren arbeitet. Bis eben haben wir noch gemeinsam Spaß gehabt, jetzt ist jede von uns wieder allein. Eine Leere breitet sich in mir aus. Abschied zu nehmen ist nicht leicht, aber ich weiß ja, dass wir uns in den Weihnachtsferien wiedersehen. Abschiede gehören zu meinem Leben, viele Abschiede, große und kleine, schmerzliche und weniger schmerzvolle.
Abschied zu nehmen muss man lernen, und ich muss entdecken, dass hinter jeder Tür, die sich schließt, eine neue ist, die sich öffnet und die mir neuen Raum und neue Zukunft verheißt. Wer das verstehen lernt, der kann auch mit den großen Abschieden zurechtkommen, mit dem Tod lieber Menschen, die das eigene Leben maßgeblich begleitet haben. Der kann entdecken, dass selbst der Tod eine neue Tür öffnet in ein noch unbekanntes Leben; im Glauben haben wir einen Schlüssel zu dieser Tür. Jesus Christus, so sagt uns das Neue Testament, ist das Tor zum Leben, auch zum neuen Leben in der Ewigkeit.

Im Gewirr der Lebensfäden

Neben der griechischen Sage vom Faden der Ariadne gibt es noch eine andere Erklärung für den sprichwörtlichen „Roten Faden". Die Taue der britischen Kriegsschiffe sollen von einem roten Faden durchsponnen gewesen sein, den man auch nicht entfernen konnte. Damit wurden die Schiffe als Eigentum der Krone gekennzeichnet.

Bei allem, was mein Leben ausmacht, bei allen Lebenslinien, die mein Leben bildet, Gottes roter Faden ist mit eingewoben. Er hält alle anderen kleinen Fäden zusammen. Gottes Nähe, sein Faden in meinem Lebenstau, hat keine Sonderstellung, er ist ein Teil, er ist fest verwoben. Und doch ist er auch eine Orientierungsschnur im Gewirr vieler Lebensfäden.

Glauben leben

Nicht in verstaubten Büchern.
Nicht in alten Ritualen.
Nicht in historischen Gemäuern.
Nicht in überlieferten Gesängen.

    Im Hier und Jetzt.
    Im Heute und Morgen.
    In meinem Leben.
    In diesem Moment.

        Durch mein Handeln.
        Durch mein Lieben.

Wird Gott lebendig.

Begeistert sein

Tor! Tor! Wunderbar! In den letzten Minuten vor dem Abpfiff kommt das entscheidende Tor, das meine Mannschaft zum Sieg führt. Ich bin hin und weg. Ich bin begeistert! Das ist ein tolles Gefühl! Begeistert sein – dieses Gefühl kennen wir alle – das zieht sich durch den ganzen Körper und umfasst mich ganz. Ich bin begeistert von Menschen, von Gruppen bei einem sagenhaften Event. Dann spüren wir den Zusammenhalt und die Solidarität untereinander. Das tut gut. Da ist ein besonderer Geist unter uns, der sich positiv ausbreitet. Da ist der Geist Gottes spürbar, auch wenn der Event nichts mit Glauben und Kirche zu tun hat. Wir erleben: Gott meint es gut mit uns, er schenkt uns Glück. Toll wäre es, wenn auch unsere Gottesdienste von Zeit zu Zeit solche begeisternden Events wären – wenn wir spüren könnten, hier gehören wir zusammen, Gott ist für uns zum Greifen nahe. Das gäbe eine Begeisterung!

Den Faden finden / Unterwegs sein ... / ... Freude | **83**

Gradlinig

Gradlinig bleiben / Ankommen ... / Der Glaube lebt | 85

bleiben
Ankommen und Gewissheit haben

Der Glaube lebt

Du bist bei mir

Wohin es auch geht.
           Woher ich auch komme.
Mit wem ich auch unterwegs bin.
      Wer mich auch immer an die
              Hand nimmt.
Wie lange es auch dauert.
Welche Umwege es auch kostet.
Wie viele Pausen
      ich auch brauche.
Was auch immer
    mich zu Kräften bringt.
Du bist bei mir, Gott.

Gradlinig bleiben / Ankommen ... / Der Glaube lebt — 87

Eine Entscheidung
muss auch umgesetzt werden.

Wer sich
für einen Weg entschieden hat,
der soll ihn auch gehen.

Mit strammem Schritt,
nicht zögerlich und zaghaft.

Feste Fäden

Ein Kollege von mir hat ein Boot. Als ich einmal mit ihm fahren durfte, wurde ich schnell angelernt und musste in Schleusen und am Hafen die schweren Taue an der Befestigung verschnüren, damit wir sicher im Wasser lagen. Beim Anlegen war ich dann zu zaghaft. Das Tau lag nur leicht über dem Befestigungspunkt und rutschte ab. Das Boot drehte sich vom Ufer weg. Nur ein beherztes Eingreifen verhinderte, dass wir zu nahe an dem neben uns liegenden Boot trieben.
Ein deutsches Sprichwort meint: „Zu zart gesponnen zerreißt der Faden." Man muss schon manchmal auch mit Tat und Kraft aktiv sein. Wer ein Boot vertäuen will, muss das Tau sicher und fest ziehen. Ein Teppich braucht sicheres und enges Weben, sonst ist das Ergebnis instabil oder hat große Löcher.
Was kann das mit unserem Leben zu tun haben? Auch hier gilt es, nicht halbherzig zu sein. Eine Entscheidung muss auch umgesetzt werden. Wer sich für einen Weg entschieden hat, der soll ihn auch gehen. Mit strammem Schritt, nicht zögerlich und zaghaft. Halbherzige Christen sind ungenießbar, heißt es. Zu zart gesponnen zerreißt und trägt nicht. Wo ich anpacke, soll ich auch zupacken, wo ich schweige, soll ich auch ruhig sein. Und wo ich rede, soll ich deutliche Worte finden.

Zeugnis geben

Ein Sprichwort sagt: „Wovon das Herz voll ist, davon geht der Mund über!" Wenn ich von einer Sache voll überzeugt bin, dann kann ich sie nicht für mich behalten, sondern muss für sie werben und sie allen weitererzählen. Nach der Auferstehung Jesu wollten die Behörden die Apostel und ersten Jünger zum Schweigen bringen, doch diese sagten: „Wir können nicht schweigen von dem, was wir gesehen und gehört haben. Ihr könnt uns ins Gefängnis bringen oder töten, aber ihr könnt nicht verbieten, Zeugnis für Jesus zu geben. Wir werden immer von ihm sprechen, weil unser Herz davon voll ist." Das ist nicht nur ein Erleben von vor 2000 Jahren. In vielen Ländern der Welt bezeugen Christen ihren Glauben in einer Umwelt, die dem Christentum feindlich gesinnt ist. Ihr Herz schlägt für Jesus Christus, deshalb haben sie keine Angst vor Repressalien. Ich kenne solche jungen Christen in Pakistan und in anderen Ländern der Welt. Sie machen mir Mut auch für meinen Glauben und spornen mich an, auch selber offensiver mit meinem Glauben in der Öffentlichkeit zu stehen.

Der Glaube an Gott

kann mir vermitteln,
woher ich komme
und wohin ich gehe.

Er verweist mich darauf,
dass ich mich
nicht selber gemacht habe.

Verwurzelt

Religion. Dieses Wort kommt vom lateinischen „religio" und bedeutet verwurzelt sein. Wie ein Baum ohne Wurzeln nicht bestehen und existieren kann, so sind auch wir Menschen verwurzelt in unserer Familie, in unserer Geschichte, in ererbten Traditionen. Bin ich auch verwurzelt in meinem Glauben als Christin oder Christ? Erwarte ich davon entscheidende Impulse für mein Leben? Finde ich darin Kraft für mein Leben? Der Glaube an Gott kann mir vermitteln, woher ich komme und wohin ich gehe. Er verweist mich darauf, dass ich mich nicht selber gemacht habe und dass auch meine Eltern nicht Herr und Meister über mein Leben sind. Ich bin von Gott geschaffen, auf ihn hin soll sich mein Leben orientieren. Das ist eine gute Basis für mein Leben. Wenn ich gut verwurzelt bin, kann ich nicht so schnell umfallen und zum Spielball windiger Machenschaften werden. Wenn ich meine Lebensbasis kenne und auf die Begleitung Jesu für mein Leben vertraue, bin ich gut aufgestellt für meine Zukunft.

Wir spinnen feine Fäden

„Wir spinnen feine Fäden von mir zu dir und weit", so heißt ein neues geistliches Lied von Piet Janssens. Wir spinnen Fäden zu einem großen Netzwerk von Freundschaften, die ein Leben lang tragen. Die beste Freundin, der beste Freund, Schulkameraden, mit denen man „Pferde stehlen" kann und die mit mir durch dick und dünn gehen – die sind mir wichtig. Halten die auch zu mir, wenn ich mal nicht so gut drauf bin? Oder werde ich fallen gelassen wie eine „heiße Kartoffel"? Es kommt nicht darauf an, wie viele solcher Freundinnen oder Freunde ich habe, sondern darauf, dass ich mich auf einige wenige wirklich verlassen kann. Wir spinnen feine Fäden über die Erde hin. Seit es möglich ist, eine gute Kommunikation über die ganze Welt zu erhalten, ist es nicht mehr wichtig, wo die besten Freundinnen oder Freunde wohnen. Wenn ich sie brauche, sind sie immer in meiner Nähe, ich kann sie „rund um die Uhr" erreichen.
Wichtig ist, dass die Brücke tragfähig ist, dass ich auch für meine Freunde erreichbar und ansprechbar bin, dass sie auch auf mich bauen können. Dann werden die feinen Fäden für mich zu einem Sprungtuch, dem ich trauen kann. Es ist schön, solche Freundinnen und Freunde zu haben.

Schritte wagen

Schon wieder ein Erdbeben in einem Land der Erde! Die Zeitung berichtet von Katastrophen, Kriegen und Auseinandersetzungen zwischen Völkern „round the clock" und „round the world". Aber was geht das mich an, das ist weit weg. Was kann ich schon tun, um die Welt zum Besseren zu verändern? Doch eher nichts. Ich bleibe unbeteiligter Zuschauer, mitunter vielleicht Meinungsmacher und Kritiker. Aber tun kann ich ja doch nichts.

Wenn alle so denken, ändert sich auch nichts, dann bleibt alles beim Alten, dann geht es mit unserer Erde bald weiter bergab. „Macht euch die Erde untertan!", heißt es in der Schöpfungsgeschichte, und das bedeutet: Sucht Mitstreiter, verändert die Welt zum Besseren, setzt euch ein für die Mitmenschen und die Bewahrung der Schöpfung. Auch ich bin gefragt, es geht nicht ohne mein Zutun.

Fang an! Der erste Schritt ist der wichtigste. Wage den Schritt und sei dabei!

Solidarisch sein

Paul, mein bester Freund, hatte mich vor einiger Zeit gefragt, ob ich Lust hätte, mit der Kolpingsfamilie auf dem Weihnachtsmarkt Reibekuchen zu backen und zu verkaufen. Wie komme ich denn dazu? Da wird mich anschließend doch keiner mehr riechen können und dann auch noch drei Stunden in der Kälte stehen. Nein, das ist nichts für mich! Er meinte, der Reinerlös sei für Projekte in der Einen Welt bestimmt und ein wenig Solidarität würde mir auch nicht schaden. Und Spaß machen würde das Ganze auch noch! Ich kann es kaum glauben. Wegen Paul habe ich dann doch zugesagt. Das war wirklich klasse! Ich habe mit einer mir bisher fremden Frau drei Stunden an der Pfanne gestanden und Reibekuchen gemacht, Paul hat sie verkauft. Auch wenn wir wegen des großen Andrangs ständig unter Dampf waren, hatten wir viel Freude miteinander. Solidarität mit Menschen in der Einen Welt und mit denen, die vor Ort zusammenarbeiten, kann auch Spaß machen, das hätte ich nicht gedacht. Da mache ich auch im nächsten Jahr wieder mit … und für das konkrete Projekt in Kolumbien werde ich mich auch mal interessieren. Ich will doch wissen, wofür ich in der Kälte stand.

Vernetzt sein

An meinen letzten Urlaub in Italien erinnere ich mich gerne. Da habe ich Maria und Mauricio kennengelernt, zwei Jugendliche in meinem Alter. Wir haben eine Menge unternommen und am Meer viel Spaß zusammen gehabt. Jetzt schicken wir uns fast täglich E-Mails oder eine SMS auf Englisch, da sie kein deutsch sprechen können und ich kein italienisch. Ich erfahre täglich, was sie machen und erzähle ihnen von meinen Erlebnissen. Wir sind gut miteinander vernetzt – jeder weiß viel vom anderen. Das ist echt toll. Auch wenn wir 1200 Kilometer voneinander entfernt leben, sind wir täglich online und im Gespräch miteinander. So ein Computer ist eine großartige Sache – Entfernungen spielen keine Rolle mehr. Auch mit meinen Freunden zuhause bin ich gut vernetzt: Alle unsere Treffen vereinbaren wir online. Was haben eigentlich die Menschen gemacht, als es noch keine Computer gab? Ich bin echt froh, dass ich heute lebe und die technischen Möglichkeiten für mich nutzen kann.

Gradlinig bleiben / Ankommen ... / Der Glaube lebt | **99**

Weltumspannende Kirche

Guter Gott, ich danke dir für mein Leben. Ich bin jung und voller Kraft. Ich interessiere mich für die Welt und was in ihr passiert. Ich bin dankbar für ein gutes Zuhause und reise gerne in andere Städte und Länder. Ich möchte wissen, wie Menschen leben und welche Geschichte sie haben, schaue mir gerne Schlösser, Burgen und Kirchen an.

Unterwegs zu sein in dieser Welt, ist toll und macht Spaß. Ich freue mich immer wieder über die Begegnung mit jungen Menschen aus anderen Ländern und probiere meine Sprachkenntnisse aus. Ich finde es wichtig, über den eigenen Tellerrand zu schauen und Neues kennenzulernen.

Wunderbar ist es auch, mit anderen Jugendlichen gemeinsam Gottesdienst zu feiern, zu beten und zu singen. Dann erlebe ich, dass die Kirche weltumspannend ist.

Ich bitte dich,
guter Gott,
begleite mich auf meinem Weg.

Lass mich viel Schönes erleben.

Mache mein Leben
und meinen Glauben
reich an guten
Erfahrungen.

Gottes Nähe erleben

Wie geht's?
Auf die Frage antworten wir
ganz unterschiedlich.

Geht. Muss ja. Jo.
Gut. Was fragst du?!

Wollen wir wirklich wissen,
wie es dem anderen geht?
Wollen wir wirklich sagen,
wie es uns geht?

Wenn uns andere sagen,
dass es ihnen nicht gut geht,
dann würde uns das ja auffordern,
etwas zu tun.
Das Gegenüber wird herausgefordert,
uns zu helfen, wenn wir unsere
Stimmung outen.

Jesus fragt nicht, wie es uns geht.
Er ist einfach immer da.

Gradlinig bleiben / Ankommen … / Der Glaube lebt

Gradlinig bleiben

Gerade Linien sind etwas Tolles. Und sie sind notwendig. Der Rand des Fußballfeldes muss gerade sein, verlässlich von Torseite zu Torseite. Der Mittelstreifen auf der Straße muss weiß getüncht und gerade sein, damit wir sicher die Spur halten können. Es fallen mir noch viele Linien ein. Schön gerade sind sie. So stellen sich viele auch ihr Leben vor. Von A nach B, vom Anfang zum Ende. Gradlinig, ein fortlaufender Weg ohne Umwege. Doch eines übersehen wir beim Wunsch nach graden Linien: Geht man näher an sie heran, sieht man, dass sie gar nicht so gerade sind. Je weiter man von ihnen weg ist, umso mehr fallen die kleinen Kurven, Schlangenlinien und Ausprägungen nicht mehr auf. Sieht man von oben auf die Weltkugel, auf Landstriche, dann erscheinen Flüsse gerade, die beim Heranzoomen immer verschlungener werden. Je näher wir an unserem Leben dran sind, umso mehr dürfen wir uns eingestehen, dass es nicht immer gradlinig ist. Wir kommen ins Taumeln, müssen Umwege gehen. Das macht das Leben erst zum Leben. Wir sind keine Maschinen, die ferngesteuert und mit GPS jeden Schritt exakt gehen können und müssen. Dennoch sollen wir das Ziel nicht aus dem Auge verlieren. Da, wo wir hin wollen. Da, wo auf möglichst schnellstem Wege alle unsere Lebenswege und Lebenslinien hin führen. Wir sollen die kleinen

Etappen nicht aus dem Auge verlieren. Berufs- und Partnerwahl. Entscheidungen zu Wohnorten, Lebensstilen und Engagement. Von Nahem wird es immer die Unebenheiten und Abweichungen geben. Alle diese Etappen können am Ende, aus der Ferne betrachtet, eine gute Linie ergeben. Gradlinig bleiben heißt nicht, nicht auch mal einen Schritt nach links und rechts zu machen. Es bedeutet, das Ziel nicht aus dem Auge zu verlieren.

Jeder Tag ist

ein neuer Schritt,
    der getan werden muss,

ein Faden,
    den wir spinnen sollen,

ein Pferd,
    das wir zu bändigen haben.

Jeden Tag neu

Friedrich Naumann hat einen interessanten Vergleich aufgestellt: „Jeder Tag ist ein neuer Schritt, der getan werden muss, ein Faden, den wir spinnen sollen, ein Pferd, das wir zu bändigen haben." Naumann lebte von 1860–1919, war Pfarrer in Frankreich, Mitbegründer und Vorsitzender der Deutschen Demokratischen Partei, die heute FDP heißt. Naumanns Erfahrung stimmt. Wir können uns nicht morgens ausruhen und uns mit dem begnügen, was wir gestern geschafft haben. Jeder Morgen ist wie ein leeres Blatt, das der Autor beschreiben muss. Jeder neue Tag ist so, als ob wir der Spinne gleich ein neues Netz spinnen müssen. Sich darauf auszuruhen, dass da gestern noch eines war, bringt nichts. Jeden Tag einen neuen Faden spinnen zu müssen, klingt nach unbequemer, kontinuierlicher Arbeit. Aber es bietet auch die Chance, jeden Tag das anders zu gestalten, was gestern schiefgelaufen ist. Das verhilft zu Lebenserfahrung. Du darfst auf Erfahrungen von gestern und vorgestern zurückgreifen. Du brauchst nicht täglich neu auf die heiße Herdplatte zu fassen. Die Erfahrung lehrt uns, es anders zu machen. Wir bleiben zwar jeden Tag derselbe Mensch, aber wir dürfen neu handeln. Veränderungen sind erlaubt. Jesus spricht davon, dass wir durch ihn, durch die Taufe, ein neuer Mensch werden. Einer, der jeden Tag alles verändern kann und bei dem doch immer Gott als Leitfaden bleibt.

Segen auf deinen Wegen

*Deine Wege
sollen gesegnet sein:
dein Schleichen und dein Rennen,
dein Erklimmen und Herabsteigen,
dein Gehen, Sichregen, Sichrühren,
dein Umhergehen, Fahren, Huschen,
dein Laufen, Rollen, Rühren,
dein Schwanken, Spazierengehen, Wandern.*

*Es soll ein Segen sein
in deinem Gehen:
im Nachjagen, Verfolgen, Hetzen,
im Herumstreifen, Herumziehen, Marschieren,
im Schreiten, Schweifen, Trampen.*

*Es wird Segen bei dir sein,
wenn du auf Zehenspitzen gehst oder springst.
Es wird Segen bei dir sein
beim Entfernen, Weggehen, Abrücken,
beim Abwandern, Davonlaufen.*

Segen ist auf deinen Wegen.

Gradlinig bleiben / Ankommen ... / Der Glaube lebt | 109

Quellenverzeichnis

Fotos: Cover: Ramona Kaulitzki – Fotolia.com; idea – Fotolia.com;
S. 10: © ArtmannWitte – Fotolia.com; S. 15: © Klaus Eppele – Fotolia.com;
S.17: © Fiebke – photocase.de; S. 19: © JCVStock – Fotolia.com;
S. 21: © robodread – Fotolia.com; S. 23: © Kirill Kurashov – Fotolia.com;
S. 24: © El Gaucho – Fotolia.com; S. 27: © juliala – Fotolia.com;
S. 28: © Brian Jackson – Fotolia.com; S. 31: © Pakhnyushchyy – Fotolia.com; S. 33: © daniel.schoenen – photocase.de; S. 34/35: © high-speedfotosde – Fotolia.com; S. 37: © Emin Ozkan – Fotolia.com;
S. 39: © almagami – Fotolia.com; S. 41: © Julian Rovagnati – Fotolia.com;
S. 43: © Andy Dean – Fotolia.com; S. 45: © prenz66 – photocase.de;
S. 49: © ADV- Fotolia.com; S. 53: © gekaskr – Fotolia.com;
S. 55: © dtaeubert – photocase.de; S. 57: © Gerhard Seybert – Fotolia.com;
S. 58/59: © styleuneed – Fotolia.com; S. 61: © quayside – Fotolia.com;
S. 63: © soundso – photocase.de; S. 65: © Franz Pfluegl – Fotolia.com;
S. 67: © godfer – Fotolia.com; S. 69 (Fisch): © Seam M – Fotolia.com;
S. 71: ©.shock – Fotolia.com; S. 73: © Eldin Muratovic – Fotolia.com;
S. 75: © Margaret M Stewart – Fotolia.com; S. 79: © carinaaa – photocase.de; S. 83: © Adam Borkowski – Fotolia.com;
S. 84/85: © xy – Fotolia.com; S. 87: © danielo – photocase.de;
S. 88: © Feng Yu – Fotolia.com; S. 91: © fl0wer – photocase.de;
S. 92: © schumacher-verlag – photocase.de; S. 95: © Elenathewise – Fotolia.com; S. 99: © godfer – Fotolia.com; S. 101: © Piotr Wawrzyniuk;
S. 103: © Natanael Tabares – Fotolia.com; S. 105: © by-studio – Fotolia.com;
S. 106: © Franz Pfluegel – Fotolia.com; S. 109: © flobox – photocase.de

Die Autoren

Marcus C. Leitschuh
Geboren 1972; Lehrer für Deutsch und Religionslehre in Kassel; Autor und Herausgeber zahlreicher Bücher

Peter Jansen
Geboren 1958; Klinikpfarrer und Dechant in Velbert; Tätigkeit beim Kolpingwerk; Autor zahlreicher Artikel im jugendkatechetischen Bereich

Marcus C. Leitschuh /
Bruder Paulus Terwitte /
Klaus Vellguth (Hg.)

Pray & more
Das Jugendgebetbuch

144 Seiten
Format 10,5 x 15,5 cm
Durchgehend zweifarbig
mit Fotos gestaltet
Klappenbroschur
ISBN 978-3-7666-1280-9
(In Gemeinschaft mit
Verlag Haus Altenberg)

Das Gebetbuch für junge Christen
bietet jede Menge erfrischender
Gebete und Impulse – von jungen
Leuten für junge Leute. Über-
raschende Zugänge zum Gottesdienst und zur Bibel sowie außer-
gewöhnliche Fotos machen das
Buch zu einer starken Mischung,
die Lust macht, selbst zu beten.

BUTZON BERCKER   www.bube.de